EL PINGÜINO PICABÚ
Cuento y aprendo

Ruth Owen
Asesora: Jillian Harker

QEB Publishing

1 uno

¡Buenos días, Picabú!
Hay **1 cama** en el cuarto de Picabú.
Él tiene un **1 oso de peluche**.

Picabú tiene otros objetos en su cuarto, pero tiene **solo uno** de cada cosa. ¿Cuáles son?

3 tres

Es hora de alimentar a las mascotas. Picabú tiene **3 zanahorias** para los conejos.

¿Cuántos conejos hay?

¿Puedes contar los peces de Picabú?

¿Tiene el perrito **tres galletas**?
¿Cuántas galletas tiene?

4 cuatro

Picabú está fregando.
Ha lavado **4 cucharas**.

¿Cuántos tenedores ves?
Ahora cuenta los platos sucios.

5

5 cinco

Mamá Pingüino está lavando la ropa.
Tiene que lavar **5 camisas**.
Trata de contarlas con ella.

¿Cuál camisa tiene **5 círculos**?

¿Puedes contar **cinco toallas** encima de la lavadora?

6 seis

Picabú está colocando las medias en el tendedero.

Picabú tiene **6 ganchos de ropa** en su cesta.

¿Cuántas medias de rayas puedes ver?

Cuenta las medias rojas. ¿Cuántas hay?

8 ocho Picabú está jugando con sus ladrillos de plástico. Tiene **8 ladrillos.**

¡A Picabú le encanta leer! Vamos a contar cuántos libros tiene Picabú.

9 nueve

¡Es la hora de baño de Picabú!
Picabú ha hecho **9 burbujas**.
¿Las puedes contar?

¿Cuántos patitos amarillos puedes contar?

10 diez

Picabú salió mojado de su baño.
¡Ha dejado **10 charcos** en el suelo!

Picabú escoge su pijama.
¿Cuántos pijamas tiene
Picabú?

Cuenta tus pijamas para
saber cuántos tienes.

Mira la sala de
Picabú.

¿Puedes encontrar las
cosas que
corresponden
a los números del **1** al **10**?

Picabú te va a ayudar con
la primera.

Hay **1 televisión** en la
sala de Picabú.

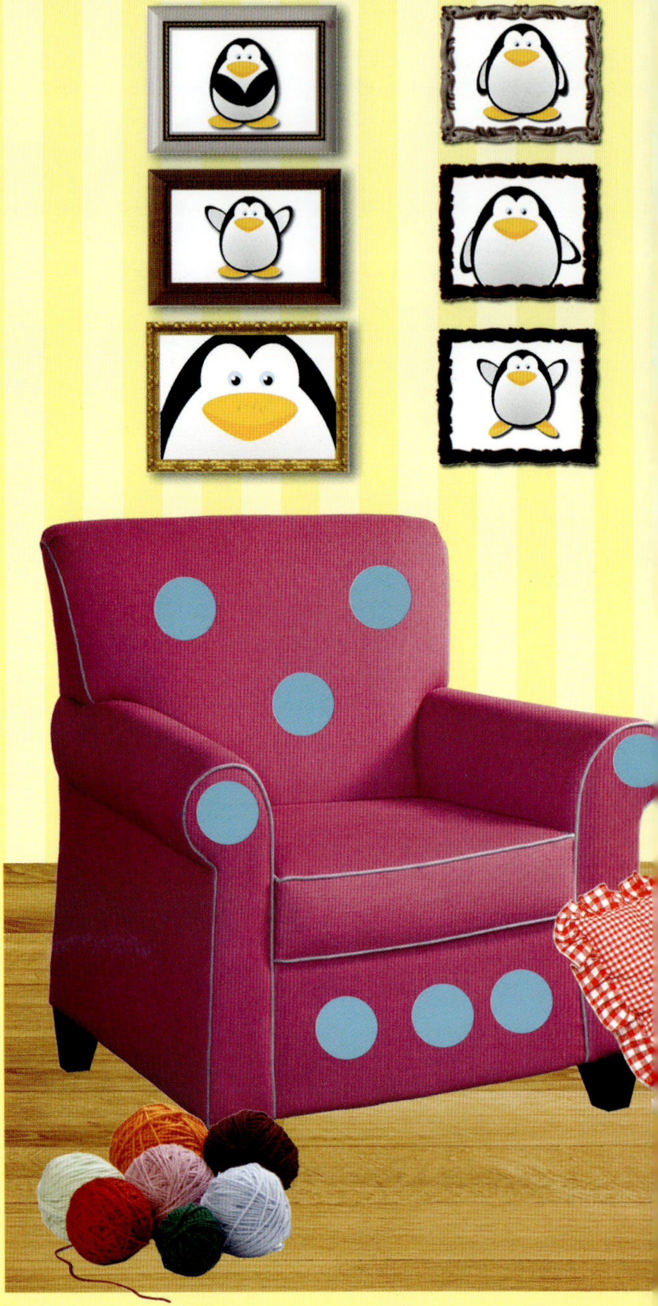

1 2 3 4

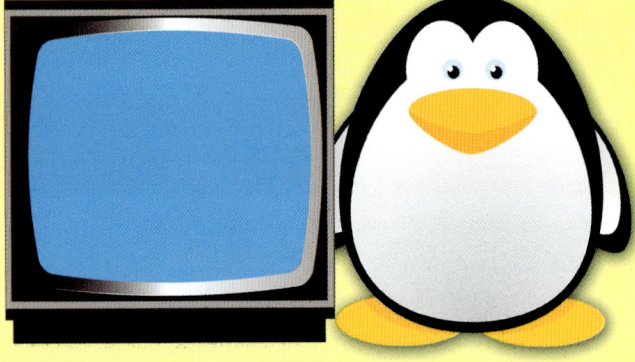

Es el cumpleaños de Mamá Pingüino.
Picabú está horneando una torta de cumpleaños.

¿Cuántos huevos va a utilizar Picabú?

¡Vamos a contar las magdalenas!

¿Cuántas galletas de jengibre ha preparado Picabú?

15

¡Feliz cumpleaños, Mamá Pingüino!

A Mamá Pingüino le encantan las magdalenas.
Tiene **3** en su plato.
Papá Pingüino tiene **2**.

Mamá Pingüino tiene **1** magdalena **más** que Papá Pingüino.
Papá Pingüino tiene **1** magdalena **menos** que
Mamá Pingüino.

Mira las fotos de la familia
de Picabú.

Cuenta los pingüinos en cada foto.

¿Qué fotos corresponden a estos números?

4 8 6 2 7 3

Picabú está practicando **más** y **menos**.
¿Lo puedes ayudar?

Cuenta estas frutas.
¿Cuál grupo tiene **1** fruta **menos**?

Cuenta estos juguetes.
¿Cuál grupo tiene **1** juguete **más**?

Cuenta estas mascotas.
¿Cuál grupo tiene **1** mascota **más**?

Cuentas estas medias.
¿Cuál grupo tiene **1** media **menos**?

Vamos a jugar ¡IGUALES!
con Picabú.

Picabú tiene dos cartas.
Hay **5 patos** en cada carta.
¡Las cartas son **iguales**!

Ahora te toca a ti.
Mira las cartas de Picabú.
Encuentra dos cartas que sean **iguales**.

Cuando las encuentres grita
"IGUALES, Picabú".

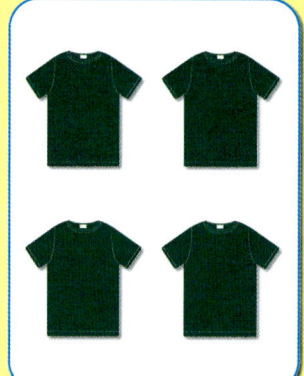

¡A divertirnos con Picabú!

Ahora revisa tu libro.
¡Vamos a contar con Picabú!

¿Cuántos **osos polares** puedes contar en tu libro?

¡A Picabú le encantan las **magdalenas azules**! Cuenta cuántas hay en tu libro.

¿Cuántos **regalos** recibió Mamá Pingüino en su fiesta de cumpleaños?

1 2 3 4 5

Mira los objetos que hay en tu cuarto. ¿De cuáles tienes **uno** solo?

¿Puedes contar las **medias verdes** que están en el tendedero de Picabú?

¿Cuántos años tienes? Señala en los números rojos grandes tu edad.

Mira la ensalada de frutas de Picabú. ¿Tiene **más** pedazos de naranja que de manzana?

Ahora mira la sala de Picabú. ¿Cuál silla tiene **1 círculo menos**?

6 7 8 9 10

23

Notas para padres y maestros

Las actividades de este libro han sido diseñadas para enseñarles a los niños conceptos básicos sobre los números y cómo contar. El objetivo es hacer del aprendizaje una experiencia divertida a través de un personaje que llame la atención de los más pequeños. Este libro ayudará a los niños a aprender a contar y a reconocer los números hasta 10.

Léale el libro al niño. Permita que el niño se tome su tiempo para entender las actividades. Anímelo a describir las actividades que está realizando en el momento. Elógielo por cada intento que realice. Si el niño parece confundido, muéstrele usted mismo cómo se hace la primera parte de la actividad.

Recuerde que las actividades deben ser cortas y divertidas. Deténgase cuando el niño todavía muestra interés. Evite los días en que el niño esté cansado o distraído, e inténtelo en otro momento. Los niños aprenden mejor cuando están relajados y se están divirtiendo. Es mejor ayudarlos a entender nuevos conceptos poco a poco que enseñarles todo de una sola vez.

Utilice este libro como una referencia para actividades que el niño pueda realizar en casa o al aire libre. Estas son algunas ideas:

- Juegue a "Picabú" después de cada actividad.

- Pídale al niño que le ayude a poner la mesa y que cuente los cubiertos que vaya colocando.

- Invente juegos para contar cuando esté al aire libre. Por ejemplo, pídale al niño que cuente los carros rojos o los carteles cuadrados que vea. De esta manera contará pocos objetos y reforzará otros conceptos importantes.

- Sugiérale al niño que prepare un picnic para sus juguetes y que cuente los alimentos que va preparando.

- Escriba los números del 1 al 10 en tarjetas. Juegue a "Consíguelo", haciendo que el niño le traiga el número de juguetes, libros, etc., que aparece en la tarjeta. Luego permita que el niño haga lo mismo con usted y que cuente los objetos que le pidió.

Created by: Ruby Tuesday Books
Designer: Emma Randall

Copyright © QEB Publishing, Inc. 2011

Published in the United States by
QEB Publishing, Inc.
3 Wrigley, Suite A
Irvine, CA 92618

www.qed-publishing.co.uk

All rights reserved. No part of this publication may be reproduced, stored in a retrieval system, or transmitted in any form or by any means, electronic, mechanical, photocopying, recording, or otherwise, without the prior permission of the publisher, nor be otherwise circulated in any form of binding or cover other than that in which it is published and without a similar condition being imposed on the subsequent purchaser.

A CIP record for this book is available from the Library of Congress..

ISBN 978 1 60992 164 4

Printed in China